公路工程质量安全手册

《公路工程质量安全手册》编写组　编

人民交通出版社股份有限公司
北　京

图书在版编目(CIP)数据

公路工程质量安全手册 /《公路工程质量安全手册》编写组编. — 北京：人民交通出版社股份有限公司，2021.1
　ISBN 978-7-114-16999-1

Ⅰ. ①公… Ⅱ. ①公… Ⅲ. ①道路施工—工程质量—安全管理—手册 Ⅳ. ①U415-62

中国版本图书馆 CIP 数据核字(2021)第 015967 号

Gonglu Gongcheng Zhiliang Anquan Shouce

书　名：	公路工程质量安全手册
著　作　者：	《公路工程质量安全手册》编写组
责任编辑：	黎小东　刘　彤
责任校对：	刘　芹
责任印制：	张　凯
出版发行：	人民交通出版社股份有限公司
地　　址：	(100011)北京市朝阳区安定门外外馆斜街 3 号
网　　址：	http://www.ccpcl.com.cn
销售电话：	(010)59757973
总　经　销：	人民交通出版社股份有限公司发行部
经　　销：	各地新华书店
印　　刷：	北京市密东印刷有限公司
开　　本：	880×1230　1/32
印　　张：	2.625
字　　数：	46 千
版　　次：	2021 年 1 月　第 1 版
印　　次：	2021 年 4 月　第 2 次印刷
书　　号：	ISBN 978-7-114-16999-1
定　　价：	30.00 元

(有印刷、装订质量问题的图书，由本公司负责调换)

《公路工程质量安全手册》

编审委员会

主　任：黄　勇

副主任：李亚宁

委　员：李洪斌　陈　萍　罗海峰　周绪利
　　　　秦海涛　翁优灵　桂志敬　薛忠军
　　　　王学颖　李万举

主　编：周绪利　李万举

指　导：交通运输部安全与质量监督管理司

前　　言

质量第一，安全至上。质量安全是工程建设的永恒主题。质量安全是工程的生命。公路工程质量安全不仅决定公路的适用性与经济性，而且事关人民群众生命财产安全和经济社会持续科学发展。新时代加快建设交通强国，设施高质量是基础，要切实提升本质安全水平，打造平安百年品质工程。

因此，在构建现代工程质量安全管理体系、推进施工班组管理规范化的同时，从一线人员作业入手，普及质量安全知识、规范质量安全行为、夯实工程质量安全基础、培育工匠精神尤为重要。

为此，我们组织编写了《公路工程质量安全手册》，供广大公路施工作业人员参考使用。

编著者

2020 年 10 月

目 录

- 1 总则 ··· 1
- 2 主要依据 ··· 2
- 3 基本要求 ··· 4
  - 3.1 一般规定 ·· 4
  - 3.2 从业单位 ·· 5
  - 3.3 从业人员 ·· 7
  - 3.4 工程质量标准 ······································ 9
- 4 通用作业安全 ·· 11
  - 4.1 一般规定 ·· 11
  - 4.2 高处作业 ·· 15
  - 4.3 起重吊装 ·· 17
  - 4.4 支架及模板 ··· 19
  - 4.5 钢筋 ··· 20
  - 4.6 混凝土工程 ··· 21
  - 4.7 爆破作业 ·· 23
  - 4.8 临时用电 ·· 24
  - 4.9 电焊与气焊 ··· 25
  - 4.10 小型机具 ··· 26
- 5 路基工程 ·· 28
  - 5.1 一般规定 ·· 28
  - 5.2 路堤路床 ·· 29

5.3 台背回填 ·················· 30
  5.4 排水工程 ·················· 30
  5.5 砌体 ····················· 31
  5.6 施工安全 ·················· 32
6 路面工程 ······················ 33
  6.1 基层 ····················· 33
  6.2 热拌沥青混合料面层 ········· 35
  6.3 水泥混凝土面层 ············ 36
  6.4 透层、封层、黏层 ··········· 38
  6.5 路缘石 ···················· 39
  6.6 施工安全 ·················· 39
7 桥涵工程 ······················ 41
  7.1 一般规定 ·················· 41
  7.2 钢筋 ····················· 42
  7.3 模板、支架 ················ 43
  7.4 混凝土工程 ················ 45
  7.5 预应力混凝土工程 ··········· 46
  7.6 桩基、承台与墩柱 ··········· 47
  7.7 桥面及附属工程 ············· 49
  7.8 涵洞 ····················· 50
  7.9 施工安全 ·················· 51
8 隧道工程 ······················ 53
  8.1 一般规定 ·················· 53
  8.2 洞口、明洞 ················ 54
  8.3 洞身开挖 ·················· 55

8.4 初期支护 …………………………………… 56
  8.5 仰拱 ……………………………………… 57
  8.6 防水和排水 ………………………………… 58
  8.7 二次衬砌 …………………………………… 59
  8.8 施工环境条件 ……………………………… 60
  8.9 施工安全 …………………………………… 61
9 交通工程 ……………………………………… 63
  9.1 交通标志 …………………………………… 63
  9.2 交通标线 …………………………………… 64
  9.3 波形梁钢护栏 ……………………………… 64
  9.4 混凝土护栏 ………………………………… 66
  9.5 施工安全 …………………………………… 66
10 施工工艺及现场督查要求 ………………………… 68
  10.1 基本条件 ………………………………… 68
  10.2 路基工程 ………………………………… 68
  10.3 路面工程 ………………………………… 69
  10.4 桥梁工程 ………………………………… 70
  10.5 隧道工程 ………………………………… 72

1 总　则

1.0.1　目的
　　推行现代工程管理,推进班组管理规范化,推动施工作业标准化、精细化,规范质量安全行为,保证工程质量安全,建设平安百年品质工程,建设交通强国。

1.0.2　适用范围
　　各等级公路新建、改扩建工程施工。

1.0.3　相关要求
　　公路工程质量安全应符合有关法律法规和现行标准的规定。

2 主要依据

2.0.1 法律
1 《中华人民共和国公路法》；
2 《中华人民共和国安全生产法》。

2.0.2 法规
1 国务院《建设工程质量管理条例》；
2 国务院《建设工程安全生产管理条例》。

2.0.3 部门规章
1 交通运输部《公路水运工程质量监督管理规定》；
2 交通运输部《公路水运工程安全生产监督管理办法》。

2.0.4 质量安全标准
1 《公路工程质量检验评定标准》；
2 《公路工程施工安全技术规范》。
注：以上2法律2法规2规章2标准，总称为"8依据"。

2.0.5 主要施工规范
1 《公路路基施工技术规范》；
2 《公路路面基层施工技术细则》；

3 《公路沥青路面施工技术规范》；
4 《公路水泥混凝土路面施工技术细则》；
5 《公路桥涵施工技术规范》；
6 《公路隧道施工技术规范》；
7 《公路交通安全设施施工技术规范》。

2.0.6 其他有关法律法规、技术标准和文件。

3 基本要求

3.1 一般规定

3.1.1 质量安全生产工作应以人为本,坚持安全发展,坚持"安全第一、预防为主、综合治理"的方针。

3.1.2 公路工程实行政府监管、法人负责、设计保障、监理控制、施工保证的质量安全管理体系,施行质量责任终身制。

3.1.3 设计单位、施工单位和工程监理单位,应按照国家有关规定建立健全质量安全保证体系,落实岗位责任制,并依照有关法律、法规、规章以及公路工程技术标准的要求和合同约定进行设计、施工和监理,保证公路工程质量安全。

3.1.4 从业人员有依法获得安全生产保障的权利,并应依法履行安全生产方面的义务。

《中华人民共和国安全生产法》规定了从业人员的安全生产权利和义务。

3.2 从业单位

3.2.1 从业单位应对工程质量和安全负责。工程实施中应加强对职工的教育与培训,按照国家有关规定建立健全质量和安全保证体系,落实质量和安全生产责任制,保证工程质量和工程安全。

1 《中华人民共和国安全生产法》规定了生产经营单位的安全生产保障要求。

2 《建设工程质量管理条例》规定了建设单位、勘察设计单位、施工单位和工程监理单位的质量责任和义务。

3 《建设工程安全生产管理条例》规定了建设单位、勘察设计单位、工程监理单位和施工单位的安全责任。

3.2.2 建设单位对工程质量、安全生产负管理责任,应科学组织管理,落实国家法律法规、工程建设强制性标准的规定,严格执行国家有关工程建设管理程序,建立健全项目管理责任机制,按规定组织风险评估和质量安全检查,督促有关单位及时整改质量安全问题。

建设单位不得对勘察设计、施工、工程监理等单位提出不符合建设工程安全生产法律、法规和强制性标准规定的要求,不得随意压缩工期。

3.2.3 施工单位对建设工程的施工质量负责。

1 施工单位必须按照工程设计图纸和施工技术标准施工,不得擅自修改工程设计,不得偷工减料。

2 施工单位应建立质量责任制,确定工程项目的项目经理、技术负责人和施工管理负责人。

3 施工单位必须建立健全施工质量的检验制度,严格工序管理,做好隐蔽工程的质量检查和记录。

3.2.4 施工现场安全由施工单位负责。

1 施工单位应建立健全安全生产责任制度和安全生产教育培训制度,制定安全生产规章制度和操作规程,保证本单位安全生产条件所需资金的投入,对工程进行定期和专项安全检查,并做好安全检查记录。

2 施工单位应在施工组织设计中编制安全技术措施、施工现场临时用电方案和危险性较大的分部分项工程专项施工方案。

3 施工单位应在施工现场入口处、施工起重机械、临时用电设施、脚手架、出入通道口、孔洞口、桥梁口、隧道口、基坑边沿、爆破物及有害危险气体和液体存放处等危险部位,设置明显的安全警示标志。

4 施工单位应为作业人员配备合格的安全防护用品和用具,并定期更换。

5 分项工程实施前,施工单位负责项目管理的技术人员应按规定向施工作业班组、作业人员详细说明有关安全施工的技术要求,并由双方签字确认。

6 施工单位应制定施工现场生产安全事故应急救

援预案,配备救援器材、设备,并定期组织应急培训和演练。

3.2.5 监理单位对施工质量负监理责任,应按合同约定设立现场监理机构,按规定程序和标准进行工程质量检查、检测和验收,对发现的质量问题及时督促整改。

监理单位应按照法律法规、工程建设强制性标准和合同进行监理,对工程安全生产承担监理责任。应审核施工项目安全生产条件,审查施工组织设计中的安全措施和专项施工方案。

监理工程师应按照监理规范的要求,采取旁站、巡视和平行检验等形式,对工程实施监理。

3.3 从业人员

3.3.1 施工单位应对从业人员进行安全生产教育和培训,保证从业人员具备必要的安全生产知识,熟悉有关的安全生产规章制度和安全操作规程,掌握本岗位的安全操作技能,了解事故应急处理措施,知悉自身在安全生产方面的权利和义务。

3.3.2 从业人员依法对所从事的公路工程质量工作负责。公路建设从业单位应分解落实工程建设各岗位、各环节质量责任,明确质量责任人。

3.3.3 从业人员进入新的岗位或者新的施工现场

前,应接受安全生产教育和培训,掌握本职工作所需的安全生产知识,提高安全生产技能,增强事故预防和应急处理能力。未经安全生产教育培训或者教育培训考核不合格的人员,不得上岗作业。

3.3.4 从业人员在作业过程中,应严格遵守安全生产规章制度和操作规程,服从管理,正确佩戴和使用劳动防护用品。

3.3.5 从业人员发现事故隐患或者其他不安全因素,应立即向现场安全生产管理人员或者本单位负责人报告;接到报告的人员应及时予以处理。

在施工中发生可能危及人身安全的紧急情况时,作业人员有权立即停止作业或者在采取可能的应急措施后撤离危险区域。

3.3.6 特种作业人员必须按照国家有关规定经专门的安全作业培训,取得相应资格,方可上岗作业。

3.3.7 特殊作业人员范围:

1 电工;
2 焊接与热切割作业人员;
3 架子工;
4 起重信号司索工;
5 起重机械司机;

6 起重机械安装拆卸工；
7 高处作业吊篮安装拆卸工；
8 锅炉司炉；
9 压力容器操作人员；
10 电梯司机；
11 场(厂)内专用机动车司机；
12 制冷与空调作业人员；
13 从事爆破工作的爆破员、安全员、保管员；
14 瓦斯监测员；
15 工程船舶船员；
16 潜水员；
17 国家有关部门认定的其他作业人员。

3.4 工程质量标准

3.4.1 工程质量标准必须符合国家现行有关工程施工质量验收规范和标准的要求。

3.4.2 工程所用各种原材料的品种、规格、质量及混合料配合比和半成品、成品应符合有关技术标准规定并满足设计要求。

3.4.3 施工中应加强质量过程控制，实行动态质量管理。各工序应达到规定的质量标准，确保施工质量的稳定性。

注：施工过程中质量检查一般是单点评定的，检查时每个试

验值都应达到交工验收时的标准，使交工时能经得起检查，不致造成交工检查不合格。

3.4.4 公路工程质量检验评定应按分项工程、分部工程、单位工程逐级进行。

3.4.5 分项工程应按基本要求、实测项目、外观质量和质量保证资料等检验项目分别检查。

实测项目中关键项目的合格率应不低于95%，否则为不合格。

实测项目中一般项目的合格率应不低于80%，否则为不合格。

检验项目评为不合格的，应进行整修或返工处理直至合格。

3.4.6 "平安百年品质工程"是践行现代工程管理发展的新要求，追求工程内在质地和外在品位的有机统一，以优质耐久、安全舒适、经济环保、社会认可为建设目标的公路工程建设成果。平安百年品质工程评价标准包括基本要求及工程设计、工程管理、科技创新、工程质量、安全保障、绿色环保、软实力等方面的指标。

4 通用作业安全

4.1 一般规定

4.1.1 公路工程施工必须遵守国家有关法律法规，符合安全生产条件要求，建立安全生产责任制，健全安全生产管理制度，设立安全生产管理机构，足额配备具有相应资格的安全生产管理人员。

4.1.2 施工前应进行危险源辨识，并应按要求对桥梁、隧道、高边坡路基等工程进行施工安全风险评估，编制风险评估报告。现场应监控。

4.1.3 施工前应逐级进行安全技术交底，主要包括安全技术要求、风险状况、应急处置措施等内容。

4.1.4 施工前应全面检查施工现场、机具设备及安全防护设施等，施工条件应符合安全要求。用于施工临时设施受力构件的周转材料，使用前应进行材质检验。

4.1.5 机械设备上各种安全防护、保险限位装置及各种安全信息装置必须齐全有效。必须按照使用说明书规定的技术性能、承载能力和使用条件操作、使用,严禁超载、超速作业或任意扩大使用范围。

4.1.6 安全带使用应符合现行国家标准《安全带》(GB 6095)的规定。

1 安全带除应定期检验外,使用前尚应进行检查。织带磨损、灼伤、酸碱腐蚀或出现明显变硬、发脆以及金属部件磨损出现明显缺陷或受到冲击后发生明显变形的,应及时报废。

2 安全带应高挂低用,并应扣牢在牢固的物体上。

3 安全带的安全绳不得打结使用,安全绳上不得挂钩。

4 缺少或不易设置安全带吊点的工作场所宜设置安全带母索。

5 安全带的各部件不得随意更换或拆除。

6 安全绳有效长度不应大于2m,有两根安全绳的安全带,单根绳的有效长度不应大于1.2m。

4.1.7 工程货运车辆严禁运送人员。

4.1.8 大雨、大雪、大雾和六级及以上大风等恶劣天气不得进行露天作业。

4.1.9 达到一定规模的危险性较大工程主要包括:

1 开挖深度不小于3m的基坑(槽)开挖、支护、降水工程;深度小于3m但地质条件和周边环境复杂的基坑(槽)开挖、支护、降水工程。

2 滑坡处理;边坡高度大于20m的路堤或地面斜坡坡率陡于1:2.5的路堤,或不良地质地段、特殊岩土地段的路堤;土质挖方边坡高度大于20m、岩质挖方边坡高度大于30m,或不良地质、特殊岩土地段的挖方边坡。

3 桩基础;挡土墙基础;沉井等深水基础。

4 围堰工程;各类工具式模板工程;支架高度不小于5m,跨度不小于10m,施工总荷载不小于$10kN/m^2$,集中线荷载不小于15kN/m;搭设高度24m及以上的落地式钢管脚手架工程,附着式整体和分片提升脚手架工程,悬挑式脚手架工程,吊篮脚手架工程,自制卸料平台、移动操作平台工程,新型及异型脚手架工程;挂篮;便桥、临时码头;水上作业平台。

5 桥梁工程中的梁、拱、柱等构件施工;打桩船作业;施工船作业;边通航边施工作业;水下工程中的水下焊接、混凝土浇注等;顶进工程;上跨或下穿既有公路、铁路、管线施工。

6 不良地质隧道;特殊地质隧道;浅埋、偏压及邻近建筑物等特殊环境条件隧道;Ⅳ级及以上软弱围岩地段的大跨度隧道;小净距隧道;瓦斯隧道。

7 采用非常规起重设备、方法,且单件起吊重量在10kN及以上的起重吊装工程;采用起重机械进行安装的工程;起重机械设备自身的安装、拆卸。

8 桥梁、隧道拆除工程;爆破工程。

4.1.10 特种设备包括其所用的材料、附属的安全附件、安全保护装置和与安全保护装置相关的设施。主要包括下列设备:

1 锅炉;
2 压力容器;
3 压力管道;
4 电梯;
5 起重机械;
6 场(厂)内专用机动车辆。

4.1.11 不安全行为主要包括:

1 操作错误、忽视安全、忽视警告;
2 造成安全装置失效;
3 使用不安全设备;
4 手代替工具操作;
5 物体存放不当;
6 冒险进入危险场所;
7 攀、坐不安全位置;
8 在起吊物下作业、停留;
9 机器运转时进行加油、修理、检查、调整、焊接、清扫等工作;
10 有分散注意力的行为;
11 在必须使用个人防护用品用具的作业或场合

中,忽视其使用;

  12 不安全装束;

  13 对易燃、易爆等危险物品处理错误。

4.2 高处作业

4.2.1 高处作业不得同时上下交叉进行。

4.2.2 高处作业人员不得沿立杆或栏杆攀登。

4.2.3 高处作业下方应按规定设置警戒区。作业场所的孔、洞应设置防护设施及警示标志。

4.2.4 高处作业场所临边应设置安全防护栏杆。防护栏杆应由上、下两道横杆组成,上杆离地高度应为1.2m,下杆离地高度应为0.6m。横杆长度大于2m时,应加设栏杆柱。防护栏杆下方有人员及车辆通行或作业的,应挂密目安全网封闭,防护栏杆下部应设置高度不小于0.18m的挡脚板。

4.2.5 作业面与坠落高度基准面高差超过2m且无临边防护装置时,临边应挂设水平安全网。安全网安装应系挂受力主绳,不得系挂网格绳。安全网安装或拆除应根据现场条件采取防坠落安全措施。

4.2.6 严禁将安全绳用作悬吊绳。严禁安全绳与悬吊绳共用连接器。

4.2.7 高处作业上下通道应根据现场情况选用钢斜梯、钢直梯、人行塔梯,各类梯子安装应牢固可靠。

4.2.8 高架桥等大型构件作业场所上下通道宜采用人行塔梯。人行塔梯宜采用专业厂家的定型产品。

4.2.9 吊篮作业应使用由专业厂家制作的定型产品,不得自行制作吊篮。

4.2.10 登高梯上端应固定,吊篮和临时工作台应绑扎牢靠。

4.2.11 吊篮和工作台的脚手板必须铺平绑牢,严禁出现探头板。

4.2.12 架子工应按照有关规定经专业机构培训,并应取得相应的从业资格。作业时应戴安全帽、穿防滑鞋、系安全带。

4.2.13 搭设高度24m及以上的落地式钢管脚手架的钢管、扣件应进行抽样检测。

4.2.14 脚手架搭设场地应平整、无杂物,并应设防、排水设施。

4.2.15 脚手架的脚手板应满铺、固定,距结构物立面的距离不得大于0.15m。

4.2.16 脚手架拆除必须严格执行专项施工方案,拆除作业必须由上而下逐层进行,严禁上下同时作业。连墙件必须随脚手架逐层拆除。

4.2.17 高处作业现场所有可能坠落的物件均应预先撤除或固定。所存物料应堆放平稳,随身作业工具应装入工具袋,不得向下抛掷拆卸的物料。

4.3 起重吊装

4.3.1 起重机械司机、起重信号司索工、起重机械安装拆卸工应按照有关规定经专业机构培训,并取得相应的从业资格。

4.3.2 起重作业人员应穿防滑鞋、戴安全帽,高处作业时应按规定佩挂安全带。

4.3.3 吊装作业应设警戒区,警戒区不得小于起吊物坠落影响范围。

4.3.4 起重机严禁吊人。

4.3.5 严禁采用斜拉、斜吊,严禁超载吊装,严禁吊装起吊重量不明、埋于地下或黏结在地面上的构件。

4.3.6 作业前应检查起重设备安全装置、钢丝绳、滑轮、吊索、卡环、地锚等。

4.3.7 吊点位置应符合设计规定,设计无规定的应经计算确定。

4.3.8 流动式起重设备通行的道路、作业场地应平整坚实,吊装前支腿应全部打开,并按要求铺设垫木。

4.3.9 高空吊装梁等大型构件时,应在构件两端设溜绳。

4.3.10 吊装大、重、新结构构件和采用新的吊装工艺前,应先进行试吊。

4.3.11 吊起的构件上不得堆放或悬挂零星物件。

4.3.12 作业人员严禁在已吊起的构件下或起重臂下旋转范围内作业或通行。

4.3.13 吊装作业临时固定工具应在永久固定的连接稳固后拆除。

4.4 支架及模板

4.4.1 支架周转材料使用前应按要求检查,达不到设计要求时不得使用。

4.4.2 支架基础的场地应设排水措施。

4.4.3 支架支撑体系使用前应预压,预压荷载应为支架需承受全部荷载的 1.05~1.10 倍。

4.4.4 制作钢木结合模板时,钢、木加工场地应分开,并应及时清除锯末、刨花和木屑。

4.4.5 模板存放场地应坚实平整。模板所用材料应堆放稳固,堆放高度不宜超过 2m。

4.4.6 模板应按设计方案设置纵、横、斜向支撑和水平拉杆,拉杆不得焊接。

4.4.7 基准面以上 2m 安装模板应搭设脚手架或施工平台。

4.4.8 吊装模板前,应检查模板和吊点。吊装应设专人指挥。

4.4.9 模板安装就位后,应立即支撑和固定,且不宜与脚手架连接。

4.4.10 模板、支架的拆除期限和拆除程序等应按施工组织设计和施工方案要求进行。承重模板、支架应在混凝土强度达到设计要求后拆除。拆除时,应先拆非承重模板,后拆承重模板,自上而下、分层分段拆除。

4.4.11 承重模板应横向同时、纵向对称均衡卸落。

4.4.12 简支梁、连续梁结构模板宜从跨中向支座方向依次循环卸落;悬臂梁结构模板宜从悬臂端开始顺序卸落。

4.4.13 模板、支架拆除时应设立警戒区,拆除人员应使用稳固的登高工具、防护用品。

4.4.14 大型模板应存放在专用模板架内或卧倒平放,不得直靠其他模板或构件。

4.4.15 清理模板或刷脱模剂时,模板应支撑牢固,两片模板之间应留有足够的人行通道。

4.5 钢筋

4.5.1 钢筋加工机械所有转动部件应有防护罩。

4.5.2 钢筋冷弯作业时，弯曲钢筋的作业半径内和机身不设固定销的一侧不得站人或通行。

4.5.3 钢筋冷拉作业区两端应装设防护挡板，冷拉钢筋卷扬机应置于视线良好位置并应设置地锚。钢筋或牵引钢丝两侧3m内及冷拉线两端不得站人或通行。

4.5.4 钢筋对焊机应安装在室内或防雨棚内，并应设置可靠的接地、接零装置。多台并列安装对焊机的间距不得小于3m。对焊作业闪光区四周应设置挡板。

4.5.5 作业高度超过2m的钢筋骨架应设置脚手架或作业平台。

4.5.6 吊运预绑钢筋骨架或成捆钢筋时，应确定吊点的数量、位置和捆绑方法，不得单点起吊。

4.5.7 作业平台等临时设施上存放钢筋不得超载。

4.6 混凝土工程

4.6.1 维修、保养或检查清理搅拌系统、供料系统时，应封闭下料门、切断电源、锁定安全保护装置、悬挂"严禁合闸"安全警示标志，并派专人看守。

4.6.2 水泥隔离垫板的刚度及稳定性应满足要求。

袋装水泥应交错整齐码放,高度不得超过10袋,且不得靠墙。砂石料堆放不得超过规定高度。

4.6.3 混凝土浇筑的顺序、速度应符合施工方案的要求,不得随意更改。

4.6.4 吊斗灌注混凝土时,应设专人指挥起吊、运送、卸料,人员、车辆不得在吊斗下停留或通行,不得攀爬吊斗。

4.6.5 混凝土浇筑过程中,应检查模板、支架、钢筋骨架的稳定、变形情况,发现异常应立即停止作业,并应整修加固。

4.6.6 泵送混凝土应符合下列规定:
 1 混凝土输送泵应安装稳固,管道布设应平顺,安装应固定牢靠,接头和卡箍应密封、紧固。
 2 泵送前应检查泵送和布料系统。首次泵送前应进行管道耐压试验。泵送混凝土时,操作人员应随时监视各种仪表和指示灯,发现异常应立即停机检查。
 3 输送泵出料软管应设专人牵引、移动,布料臂下不得站人。
 4 混凝土输送管道接头拆卸前,应释放输送管内剩余压力。
 5 清理管道时应设警戒区,管道出口端前方10m

内不得站人。

4.6.7 混凝土振捣时,装置振捣器的构件模板应坚固牢靠,不得用电缆线、软管拖拉或吊挂振捣器,检修或作业停止时应切断电源。

4.6.8 混凝土覆盖养护时,预留孔洞周围应设置安全护栏或盖板,并应设置安全警示标志。洒水养护时,应避开配电箱和周围电气设备。蒸汽、电热养护时,应设围栏和安全警示标志,并配置足够、适用的消防器材。

4.7 爆破作业

4.7.1 从事爆破工作的爆破员、安全员、保管员应按照有关规定经专业机构培训,并取得相应的从业资格。

4.7.2 爆破作业单位实施爆破项目前,应按规定办理审批手续,经批准后方可实施爆破作业。

4.7.3 爆破作业必须设警戒区和警戒人员,起爆前必须撤出人员并按规定发出声、光等警示信号。

4.7.4 钻孔装药应拉稳药包提绳,配合送药杆进行。

4.7.5 盲炮检查应在爆破15min后实施,发现盲炮应立即安全警戒,及时报告并由原爆破人员处理。

4.7.6 雷电、暴雨雪天不得实施爆破作业。强电场区爆破作业不得使用电雷管。遇能见度不超过100m的雾天等恶劣天气不得实施露天爆破作业。

4.8 临时用电

4.8.1 安装、巡检、维修或拆除临时用电设备和线路，必须由电工完成，并应有人监护。电工等级应同工程的难易程度和技术复杂性相适应。

4.8.2 各类用电人员应掌握安全用电基本知识和所用设备的性能。使用电气设备前，应检查电气装置和保护设施，严禁设备带"缺陷"运转。

4.8.3 电线架设、电缆铺设以及配电箱、开关箱的设置、接地与防雷、照明等应符合国家规定。

4.8.4 每台用电设备必须独立设置开关箱，开关箱必须装设隔离开关及短路、过载、漏电保护器，严禁设置分路开关。

4.8.5 现场电源线的接头应采用绝缘胶带包扎良好，并不得随意放置在潮湿的地面上或水中。

4.8.6 电气设备现场周围不得存放易燃易爆物、污源和腐蚀介质。

4.8.7 遇有临时停电、停工、检修或移动电器设备时,应关闭电源。

4.9 电焊与气焊

4.9.1 电工、焊接与热切割作业人员应按照有关规定经专业机构培训,并应取得相应的从业资格。

4.9.2 电工、焊接与热切割作业人员应按规定正确佩戴、使用劳动防护用品。

4.9.3 氧气瓶、乙炔瓶应正确储存、搬运和使用。
 1 气瓶、阀门、焊具、胶管等均不得沾污油脂,不得使用油污手套操作。
 2 压力表、安全阀、橡胶软管和回火保护器等均应定期校验或试验,标识应清晰。
 3 使用的气瓶应稳固竖立,或装在专用车(架)或固定装置上。
 4 气瓶与实际焊接或切割作业点的距离应大于10m,无法满足时应设置耐火屏障。
 5 气割作业氧气瓶与乙炔瓶之间的距离不得小于5m。
 6 电、气焊作业点和气瓶存放点应按规定配备灭火器材。

4.9.4 电焊机一次侧电源线长度不得大于5m;二次

侧焊接电缆线应采用防水绝缘橡胶护套铜芯软电缆,长度不宜大于30m,且进出线处应设置防护罩。

4.9.5 电焊钳柄与导线应连接牢固,电缆芯线不得外露。

4.9.6 电焊机应置于干燥、通风的位置,露天使用电焊机时应设防雨、防潮装置,移动电焊机时应切断电源。

4.9.7 密闭空间内实施焊接及切割时,气瓶及焊接电源应置于密闭空间外,焊接作业应设置通风、绝缘、照明装置和应急救援装备,并应设专人监护。

4.9.8 高处电焊、气割作业时,作业区周围和下方应采取防火措施,按要求配备消防器材,并应设专人巡视。

4.9.9 雨天严禁露天电焊作业。潮湿区域作业人员必须在干燥绝缘物体上焊接作业。

4.10 小型机具

4.10.1 小型机具应有出厂合格证和操作说明书。

4.10.2 作业人员应了解所用机具性能并熟悉、掌握其安全操作常识,施工中应正确佩戴各类安全防护用品。

4.10.3 各种机具不得带病运转。运转中发现不正常时,应先停机检查,排除故障后方可使用。

4.10.4 不得站在不稳定的地方使用电动或气动机具,必须使用时应有专人监护。

4.10.5 齿轮传动、皮带传动、联轴器传动的小型机具应设有安全防护装置。

4.10.6 手持式电动工具应配备安全隔离变压器、漏电保护器、控制箱和电源连接器。

4.10.7 小型起重机具电动葫芦应设缓冲器,轨道两端应设挡板。卷扬机卷筒上的钢丝绳应排列整齐,不得在转动中用手拉或用脚踩钢丝绳。严禁 2 台及以上手拉葫芦同时起吊重物。

5 路基工程

5.1 一般规定

5.1.1 在路基用地和取土坑范围内,应清除地表植被、杂物、积水、淤泥和表土,处理坑塘,按要求对基底进行压实。

5.1.2 路基填料宜选用级配好的砾类土、砂类土等粗粒料作为填料,含草皮、生活垃圾、树根、腐殖质的土严禁作为路基填料。路床填料最大粒径为100mm,路堤填料最大粒径为150mm。

5.1.3 路基应分层填筑压实,每层表面平整,路拱合适,排水良好,不得有明显碾压轮迹,不得亏坡。

5.1.4 施工过程中,每一压实层均应进行压实度检测,施工质量应符合规定的质量标准。

5.1.5 应设置施工临时排水系统,避免冲刷边坡,路床顶不得积水。

5.1.6 弃土宜集中堆放,严禁在贴近桥梁墩台、涵洞口处弃土,不得向水库、湖泊及暗河口处弃土。

5.2 路堤路床

5.2.1 土方开挖应自上而下逐级进行,严禁掏底开挖。开挖至边坡线前,应预留一定宽度,预留的宽度应保证刷坡过程中设计边坡线外的土层不受到扰动。开挖至零填、路堑路床部分后,应及时进行路床施工。

5.2.2 石方开挖应逐级进行,逐级按设计要求进行防护。爆破作业应符合现行国家标准《爆破安全规程》(GB 6722)的有关规定。欠挖部分必须凿除。边坡应逐级进行整修,同时清除危石及松动石块。

5.2.3 填土路堤中性质不同的填料,应水平分层、分段填筑,分层压实。同一层路基应采用同一种填料,不得混合填筑。

5.2.4 土石路堤、填石路堤施工过程中每一压实层,应采用试验路段确定的工艺流程、工艺参数控制,压实质量可采用沉降差指标进行检测。

注:可按20t以上压路机振压两遍沉降差不大于2mm进行控制。

5.2.5 高路堤填筑过程中应进行沉降和稳定性观测。

5.3 台背回填

5.3.1 填料宜采用透水性材料、轻质材料、无机结合料稳定材料等,崩解性岩石、膨胀土不得用于台背与墙背填筑。

5.3.2 墙身强度达到设计强度的75%以上时方可开始填筑。

5.3.3 台背与锥坡的回填宜同步进行。涵洞两侧应对称分层回填压实。回填部分的路床宜与路堤路床同步填筑。

5.3.4 分层压实厚度宜不大于150mm,填料粒径宜小于100mm,涵洞两侧回填填料粒径宜小于50mm,压实度应不小于96%。

5.3.5 二级及二级以上公路应按设计做好过渡段,二级以下公路的路堤与回填的联结部应预留台阶。

5.3.6 台背与墙背1.0m范围内回填宜采用小型夯实机具压实。

5.4 排水工程

5.4.1 排水设施应纵坡顺适,曲线线形圆滑。

5.4.2 沟壁平整、稳定,无贴坡。沟底平整,排水畅通,无冲刷和阻水现象。

5.4.3 浆砌片石工程,嵌缝均匀、饱满、密实,勾缝平顺无脱落、密实、美观,缝宽均衡协调;砌体咬合紧密;抹面平整、压光、顺直,无裂缝、空鼓。

5.4.4 干砌片石工程,砌体咬合紧密,无叠砌、贴砌和浮塞。

5.4.5 各类防渗、加固设施坚实稳固。

5.5 砌体

5.5.1 勾缝砂浆强度不得小于砌筑砂浆强度。

5.5.2 垫层应密实,厚度满足设计要求。

5.5.3 砌块应错缝砌筑、相互咬紧。浆砌时应坐浆挤紧,嵌缝饱满密实,不得出现空洞;干砌时不得出现松动、叠砌和浮塞。

5.5.4 顶面高程、表面平整度应满足质量标准要求。

5.5.5 沉降缝、伸缩缝、泄水孔的位置、尺寸和数量应满足设计要求。

5.6 施工安全

5.6.1 填方作业区边缘应设置明显的警示标志。取土场周围应设置安全防护设施和警示标志。

5.6.2 机械作业范围内不得同时进行人工作业。

5.6.3 路基边坡、边沟、基坑边缘地段上作业的机械应采取防止机械倾覆、基坑坍塌的措施。

5.6.4 路堑开挖过程中,应设专人对作业面及施工影响范围内岩土体的稳定性进行监测和巡察。发现异常应立即停工,撤离人员和机具。

6 路面工程

6.1 基层

6.1.1 无机结合料稳定材料施工期的日最低气温应在5℃以上,在有冰冻的地区应在第一次重冰冻到来的15~30d之前完成施工。宜避免在雨季施工,且不应在雨天施工。

注:重冰冻的标准一般指气温达到-3~-5℃。

6.1.2 工程所用的原材料严禁混杂,应分档隔仓堆放,并设有明显的标识。对于高速公路和一级公路,细集料、水泥、石灰、粉煤灰等原材料严禁露天堆放,应放置于专门搭建的防雨棚或库房内。

6.1.3 高速公路和一级公路用石灰应不低于Ⅱ级技术要求,二级公路用石灰应不低于Ⅲ级技术要求,二级以下公路宜不低于Ⅲ级技术要求。

6.1.4 水泥稳定材料或水泥粉煤灰稳定材料宜在2h之内完成碾压成型。石灰稳定材料或石灰粉煤灰稳定材料层宜在当天碾压完成。

6.1.5 混合料运输车装料前应清理干净车厢,不得存有杂物。

混合料运输车装好料后,应用篷布将厢体覆盖严密,至摊铺机前准备卸料时方可打开。

水泥稳定材料从装车到运输至现场,时间宜不超过1h,超过2h时应作为废料处置。

注:如超过2h,再加上摊铺碾压成型的时间,将会超过水泥稳定材料的初凝时间,导致混合料性能的衰减。

6.1.6 在摊铺机后面应设专人消除粗细集料离析现象,及时铲除局部粗集料堆积或离析部位,并用新拌混合料填补。

对无法使用机械摊铺的超宽路段,应采用人工同步摊铺、修整,并同时碾压成型。

6.1.7 应安排专人负责指挥碾压,严禁漏压和产生轮迹。

在碾压过程中出现软弹现象时,应及时将该路段混合料挖出,重新换填新料碾压。

碾压过程中,压路机应停放在已碾压完成的路段,严禁随意停放。

注:碾压完成后,在保证压实度的前提下,路面表面没有轮迹是基本的施工要求。

6.1.8 无机结合料稳定材料层碾压完成并经压实度检查合格后,应及时养护,养护期宜不少于7d。

养护期间应封闭交通,除洒水车和小型通勤车辆外,严禁其他车辆通行。

在上层结构施工前,应将下层养护用材料彻底清理干净。

6.2 热拌沥青混合料面层

6.2.1 沥青路面不得在气温低于10℃(高速公路和一级公路)或5℃(其他等级公路),以及雨天、路面潮湿的情况下施工。

6.2.2 沥青面层宜连续施工,避免与可能污染沥青层的其他工序交叉干扰,以杜绝施工和运输污染。

6.2.3 应严格控制沥青混合料拌和的加热温度。拌和后的沥青混合料应均匀、无花白、无粗细料分离和结团成块现象。

6.2.4 运料车每次使用前后必须清洗干净,在车厢板上涂一薄层防止沥青黏结的隔离剂或防黏剂。

运料车运输混合料时,宜用苫布覆盖保温、防雨、防污染。

运料车进入摊铺现场时,轮胎上不得粘有泥土等可能污染路面的脏物。若混合料不符合施工温度要求,或已经结成团块、已遭雨淋的不得铺筑。

6.2.5 摊铺机必须缓慢、均匀、连续不间断地摊铺，不得随意变换速率或中途停顿。

当发现混合料出现明显的离析、波浪、裂缝、拖痕时，应分析原因，予以清除。

注：沥青路面施工工序中，厚度、压实度和平整度是 3 个最重要的指标，一定要在确保压实度的前提下努力提高平整度。

6.2.6 压路机应以慢而均匀的速度碾压，碾压路线及碾压方向不应突然改变而导致混合料推移。碾压温度应符合规定要求。

碾压轮在碾压过程中应保持清洁，有混合料粘轮应立即清除。对钢轮可涂刷隔离剂或防黏结剂，严禁刷柴油。

压路机不得在未碾压成型的路段上转向、掉头、加水或停留。

注：我国沥青路面发生早期损坏，经常是由于压实不足造成的。热拌沥青混合料温度、压实层的最大厚度、压路机的数量和配置，均应满足要求。

6.2.7 铺筑好的沥青层应严格控制交通，做好保护，保持清洁，不得造成污染。严禁在沥青层上堆放施工产生的土或杂物，严禁在已铺沥青层上制作水泥砂浆。

6.3　水泥混凝土面层

6.3.1 高温期施工宜采用普通型水泥，低温期施工宜采用早强型水泥。采用滑模摊铺机铺筑时,宜选用散装水泥。

6.3.2 钢筋不得有裂纹、断伤、刻痕、表面油污和锈蚀。配筋混凝土路面与桥面用钢筋宜采用环氧树脂涂层或防锈漆涂层等保护措施。

6.3.3 混凝土拌合物应均匀一致,生料、干料、严重离析的拌合物,或有外加剂团块、粉煤灰团块的拌合物不得用于路面摊铺。

6.3.4 混凝土拌合物应在初凝时间之内运输至铺筑现场。运送混凝土的车辆装料前,应清洁车厢或车罐,洒水润壁,排干积水。混凝土运输过程中应防止漏浆、漏料和污染,防止拌合物离析。

6.3.5 滑模摊铺应缓慢、匀速、连续不间断地作业,严禁快速推进、随意停机与间歇摊铺。

6.3.6 采用刻槽法制作宏观构造过程中,应避免槽口边角损坏,不得中途抬起刻槽机或改变刻槽方向,刻槽不得刻穿纵、横缩缝。

6.3.7 不同气温下混凝土面层的最短养护龄期应保证混凝土强度大于设计强度的80%。面层养护初期,人、畜、车辆不得通行。

6.3.8 路面接缝填注不得漏填、松脱,不得污染路面。

6.4 透层、封层、黏层

6.4.1 沥青路面各类基层均必须喷洒透层油,沥青层必须在透层油完全渗透入基层后方可铺筑。

用于半刚性基层的透层油宜紧接在基层碾压成型后表面稍变干燥但尚未硬化的情况下喷洒,透入深度宜不小于5mm。

注:如果透层油不能透入基层,只洒在表面形成一层油膜(或油皮),不能起到固结、稳定、联结、防水等作用。

6.4.2 下封层宜采用层铺法单层表面处治或稀浆封层法施工,厚度不宜小于6mm,且做到完全密水。

6.4.3 双层式或三层式热拌热铺沥青混合料路面的沥青层之间必须喷洒黏层油,兼作封层而喷洒的黏层油宜采用改性沥青或改性乳化沥青,其用量宜不少于$1.0L/m^2$。

6.4.4 铺设透层、封层、黏层的下卧层必须清扫干净,吹净浮尘浮料。

气温低于10℃时不得喷洒黏层油,路面潮湿时不得喷洒黏层油,用水洗刷后需待表面干燥后方可喷洒。

6.4.5 透层、黏层油洒布量应根据下卧层的类型通过试洒确定,并符合规定要求。

宜采用沥青洒布车一次喷洒均匀。不得有洒花漏空或成条状,不得有堆积。喷洒不足的要补洒,过量处应予以刮除。

6.4.6 透层油施工后严禁一切车辆通行,直至上层施工。

6.4.7 下封层或黏层应在透层油挥发、破乳完成后施工,并封闭交通。

6.5 路缘石

6.5.1 埋置式路缘石宜在沥青层施工全部结束后安装,严禁在两层沥青层施工间隙因开挖、埋设路缘石导致沥青层受到污染。

6.5.2 路缘石安装前应进行位置和高程放样。路缘石槽底基础和后背填料应夯打密实。

6.5.3 路缘石安装应砌筑稳固、顶面平整、缝宽均匀、勾缝密实、线条直顺。

6.6 施工安全

6.6.1 沥青拌和厂应配备灭火器、消防砂等防火设施。配制和使用液体石油沥青的全过程严禁烟火。

6.6.2 施工中,摊铺机、运输车等大型机械设备及其辅助机械操作手不得擅自离开操作台,严禁用手或工具触碰正在运转的机件。非操作人员不得登机。

6.6.3 机械设备停放位置应平整,周围应设置明显的警示标志,夜间应设警示灯。

6.6.4 运料车卸料升斗时,人员不得在车斗的正下方停留。

6.6.5 整平和摊铺作业应临时封闭交通、设明显警示标志,辅助作业人员应面向压路机方向作业,设备之间应保持安全距离。

6.6.6 多台压路机同时作业时,各机械间应保持安全距离。碾压区内人员不得进入,确需进入的应安排专人监护。

7 桥涵工程

7.1 一般规定

7.1.1 桥涵分类规定如表7.1.1所示。

表7.1.1 桥涵分类

序号	桥涵分类	多孔跨径总长 $L(m)$	单孔跨径 $L_k(m)$
1	特大桥	$L>1000$	$L_k>150$
2	大桥	$100 \leqslant L \leqslant 1000$	$40 \leqslant L_k \leqslant 150$
3	中桥	$30<L<100$	$20 \leqslant L_k<40$
4	小桥	$8 \leqslant L \leqslant 30$	$5 \leqslant L_k<20$
5	涵洞	—	$L_k<5$

注：桥涵分类标准存在差异时，可采取"就高不就低"的原则。

7.1.2 拱桥、混凝土梁式桥、斜拉桥、悬索桥、钢桥等的上部结构应严格按照施工方案加强工序过程控制。

7.1.3 装配式桥梁分层、分段安装的构件，应在先安装的构件可靠固定且受力较大的接头混凝土达到设计强度的80%后，方可继续安装；设计有规定时，应从其规定。

7.1.4 结构混凝土表面应密实、平整、光洁、无明显施工缝、色泽一致、边角线平顺。不应存在表7.1.4所列外观质量的限制缺陷。

表7.1.4 结构混凝土外观质量缺陷分类

序号	名称	现象
1	裂缝	表面延伸到内部的缝隙
2	孔洞	深度超过保护层厚度的孔穴
3	露筋	钢筋未被混凝土包裹而形成的外露
4	蜂窝	表面缺失水泥浆而形成的局部蜂窝样粗集料外露
5	疏松	由于离析、振捣不足而形成的局部不密实
6	夹渣	混凝土中夹有杂物
7	麻面	混凝土表面局部缺浆、粗糙或有密集小凹坑
8	外形缺陷	棱线不直、翘曲不平、飞边凸肋、啃边、蹦角
9	其他表面缺陷	掉皮、起砂、污染

7.1.5 结构内外部、支座、伸缩缝处应无残渣、杂物。桥头不得出现跳车。

7.1.6 用于检查混凝土强度的试件，宜在浇筑地点随机制取。

7.2 钢筋

7.2.1 钢筋应按不同的钢种、等级、牌号、规格及生产厂家分批检验,分别堆放整齐,不得混杂,并应设立识别标志。

7.2.2 钢筋的级别、直径、根数和间距均应符合设计要求。绑扎或焊接的钢筋网和钢筋骨架不得有变形、松脱和开焊。

7.2.3 钢筋的表面应洁净、无损伤,使用前应将表面油渍、漆皮、鳞锈等清除干净。

7.2.4 钢筋的交叉点宜用铁丝扎牢,必要时可采用点焊焊牢。

结构或构件拐角处的钢筋交叉点应全部绑扎;中间平直部分的交叉点可交错绑扎,绑扎的交叉点宜占全部交叉点的40%以上。

7.2.5 钢筋与模板间应设置垫块,垫块应与钢筋绑扎牢固,并相互错开。垫块的制作厚度不应出现负误差。

7.2.6 钢筋应安装牢固,钢筋网应有足够的钢筋支撑,在混凝土浇筑过程中钢筋不应出现移位。

7.3 模板、支架

7.3.1 模板和支架均应进行施工图设计,且经批准后方可用于施工。

注:"经批准"一般指经监理工程师审核后批准。

7.3.2 模板的板面应平整,接缝处应严密且不漏浆,保证结构物外露面美观,线条流畅。

7.3.3 模板与钢筋安装工作应配合进行。模板不宜与脚手架连接,避免引起模板变形。

7.3.4 模板在安装过程中,必须设置防倾覆的临时固定设施。安装侧模板时,支撑应牢固。

7.3.5 梁、板等结构的底模板应设置预拱度。

7.3.6 模板与混凝土的接触面应涂刷隔离剂,但不得采用废机油等油料。木模与混凝土接触的表面应刨光且应保持平整。

7.3.7 支架宜采用标准化、系列化、通用化的钢构件制作拼装。

7.3.8 支架整体、杆配件、节点、地基、基础和其他支撑物应进行强度和稳定验算。

7.3.9 支架应稳定、坚固,能抵抗在施工过程中可能发生的振动和偶然冲撞。

7.3.10 钢筋混凝土结构的承重模板、支架,应在混凝土强度能承受其自重荷载及其他可能的叠加荷载时,方可拆除。

7.4 混凝土工程

7.4.1 水泥、粗集料、细集料、拌和水、外加剂、掺合料等均应符合技术标准的规定。

高强度混凝土、高性能混凝土、大体积混凝土、抗冻混凝土和抗渗混凝土等,其原材料、配合比及施工控制等应严格执行相关要求。

7.4.2 混凝土应采用机械拌制,外加剂宜以稀释溶液加入。混凝土拌合物应搅拌均匀,颜色一致,不得有离析和泌水现象。

7.4.3 浇筑混凝土前,应对支架、模板、钢筋和预埋件等进行检查,模板内的杂物、积水和钢筋上的污物应清理干净。

7.4.4 自高处向模板内倾卸混凝土时,应防止混凝土离析,直接倾卸时自由倾落高度不宜超过2m。

7.4.5 采用振动器振捣混凝土时,插入式振动器的移位间距应不超过振动器作用半径的1.5倍。

7.4.6 浇筑混凝土期间,应随时检查支架、模板、钢筋、预应力管道和预埋件等的稳固情况,当发现有松动、变形、移位时,应及时处理。

7.4.7 混凝土的拌和、运输、浇筑及间歇的全部时间不得超出相关规定。

7.4.8 混凝土浇筑完成后,应在其收浆后尽快予以覆盖并洒水保湿养护。

7.5 预应力混凝土工程

7.5.1 预应力筋下料时,应采用切断机或砂轮锯切断,严禁采用电弧切割。预应力筋编束时,应将钢丝或钢绞线逐根理顺,防止缠绕,且应绑扎牢固、顺直。

7.5.2 锚具、夹具和连接器表面应无裂纹、油污、锈迹,存放、搬运及使用期间应避免锈蚀、沾污、遭受机械损伤、混淆和散失。

7.5.3 混凝土浇筑前,应对预埋于混凝土中的锚具、管道和钢筋等进行全面检查验收。

7.5.4 浇筑混凝土时,对先张构件应避免振动器碰撞预应力筋;对后张结构应避免振动器碰撞预应力筋的管道、预埋件等。

7.5.5 实施张拉时,千斤顶与预应力筋、锚具的中心线应位于同一轴线上。预应力筋的张拉顺序和张拉控制应力应符合设计要求。

7.5.6 预应力筋应在张拉控制应力达到稳定后方可进行锚固。

7.5.7 先张法预应力筋张拉完毕后,宜在4h内浇筑混凝土。后张法预应力筋张拉锚固后,孔道应尽早压浆,且应在48h内完成。

7.5.8 同一管道的压浆应连续进行,一次完成。压浆后应通过检查孔抽查压浆的密实情况,如有不密实,应及时进行补压浆处理。
注:孔道压浆的目的,主要是防止预应力筋锈蚀,并通过凝结后的浆体将预应力传递到混凝土结构中。

7.5.9 封锚应采用与结构或构件同强度的混凝土,并应严格控制封锚后的梁体长度。

7.6 桩基、承台与墩柱

7.6.1 挖孔桩施工采用混凝土护壁支护的桩孔,必须挖一节、浇筑一节护壁,严禁只挖而不及时浇筑护壁的冒险作业。

7.6.2 钻孔桩护筒顶宜高于地面0.3m或高于水面1.0~2.0m,同时应高于桩顶设计高程1.0m。护筒连接处的内壁应无突出物,应耐拉、压,不漏水。

7.6.3 不论采用何种方法钻孔,开孔的孔位必须准确。开钻时均应慢速钻进。

7.6.4 在钻孔排渣、提钻头除土或因故停钻时,应保持孔内具有规定的水位及要求的泥浆相对密度和黏度。处理孔内事故或因故停钻时,必须将钻头提出孔外。

7.6.5 不论采用何种清孔方法,在清孔排渣时,均必须注意保持孔内水头,防止坍孔。

7.6.6 桩基首批混凝土入孔后,混凝土应连续灌注,不得中断。在灌注过程中,应保持孔内的水头高度,应随时测探孔内混凝土面的位置,及时调整导管埋深。

7.6.7 混凝土灌注过程中,应将桩孔内溢出的水或泥浆引流至适当地点处理,不得随意排放。

7.6.8 承台的钢筋和混凝土应在无水条件下进行施

工。桩顶的混凝土面应按水平施工缝的要求凿毛,桩头预留钢筋上的泥土及鳞锈等应清理干净。

7.6.9 墩、台身高度超过 10m 时,可分节段施工。应采取措施,缩短墩、台身与承台之间浇筑混凝土的间隔时间,间歇期宜控制在 7d 内。

7.6.10 在墩台帽、盖梁与墩身的连接处,模板与墩台身之间应密贴,不得出现漏浆现象。

7.7 桥面及附属工程

7.7.1 支座安装前,应对支座垫石的混凝土强度、平面位置、顶面高程、预留地脚螺栓孔和预埋钢垫板等进行复核检查。

7.7.2 支座安装时,应分别在垫石和支座上标出纵横向的中心十字线。安装完成的支座应与梁在顺桥方向的中心线相平行或重合,保持水平,不得有偏斜、不均匀受力和脱空等现象。

注:位置、高程和滑动方向是支座安装施工时需要重点控制的指标,不论桥梁是否有坡度,支座始终需要保持水平状态。

7.7.3 伸缩装置安装预留槽口的尺寸应满足设计要求,锚固钢筋的位置应准确。

7.7.4 模数式伸缩装置应在工厂进行组装,在运输和存放过程中应避免阳光直接暴晒或雨淋雪浸,并保持清洁,防止变形。

7.7.5 铺设桥面防水层材料前,应清除桥面的浮浆和各类杂物。防水层在横桥向应闭合铺设,底层表面应平顺、干燥、干净。

7.7.6 沥青混凝土桥面铺装前,桥面应平整、粗糙、干燥、整洁,应洒布黏层沥青。

7.7.7 水泥混凝土桥面铺装的厚度、材料、铺装层结构、混凝土强度、防水层设置等均应满足设计要求。

7.7.8 浇筑桥头搭板混凝土时,应按照搭板的坡度由低处向高处进行,振捣时应避免碰撞钢筋、模板。

7.8 涵洞

7.8.1 涵洞进出水口的沟床应整理顺直,与上下游导流、排水设施的连接应圆顺、稳固,无阻水现象。

7.8.2 涵洞接缝、沉降缝位置应正确,填缝应无空鼓、开裂、漏水现象。

7.8.3 涵洞内不得遗留建筑垃圾、杂物。锥坡不得出现塌陷和亏坡。

7.8.4 管涵基础的顶面应设置混凝土管座,管座的弧形面应与管身紧密贴合,使管节受力均匀。管节的接缝不得有间断、裂缝、空鼓和漏水等现象。

7.8.5 波形钢的管节、块件及连接螺栓均应做防腐处理。

7.8.6 拱涵、盖板涵混凝土的现场浇筑施工在涵长方向宜连续进行。在拱架拆除时,应先完成拱脚以下部分回填土的填筑。

7.9 施工安全

7.9.1 泥浆池、沉淀池周围应设置防护栏杆和警示标志。

7.9.2 钻孔灌注桩施工作业区域应设置警戒区。停止施工的钻、挖孔桩,孔口应加盖防护,四周应设置护栏及明显的警示标志,夜间应悬挂示警红灯。

7.9.3 预应力张拉作业现场应设置警戒区。张拉及放张过程中,预制台座区域及张拉台座两端不得站人。

7.9.4 张拉及放张程序应符合设计要求。张拉过程中出现异常现象时,应立即停止张拉作业,检查、排除异常。

7.9.5 基坑内作业前,应全面检查边坡滑塌、裂缝、变形以及基坑涌水、涌沙等情况,确认安全。

7.9.6 高墩爬(滑)模施工液压系统顶升应保持同步、平稳。应经常检查、及时更换预埋爬锥配套螺栓。

7.9.7 砌体工程破石及开凿缝槽作业,作业人员之间的距离不应小于2m。砌筑作业应自下而上进行,砌筑勾缝不得交叉作业。

7.9.8 反开槽施工的伸缩装置槽口应临时铺设钢板或砂袋,并应在开槽处设置警示标志。

7.9.9 顶进挖土作业应坚持"勤挖快顶"的原则。不得掏洞取土、逆坡挖土。顶进暂停期内不得挖土。

8 隧道工程

8.1 一般规定

8.1.1 不良地质隧道地段应遵循"早预报、预加固、弱爆破、短进尺、强支护、早封闭、勤量测、快衬砌"的原则进行施工。

8.1.2 隧道施工人员应经过岗前专业培训,接受安全、职业健康等教育。特种作业人员应持证上岗。施工前应对施工人员进行技术交底。

8.1.3 隧道拱部、边墙、路面、设备箱洞应不滴水、不渗水、不积水。

8.1.4 隧道施工安全九条规定:
1 必须证照齐全,严禁无资质施工、转包、违法分包和人员不经教育培训上岗作业。
2 必须按照标准规范和设计要求编制专项施工方案,确保按方案组织实施,严禁擅自改变施工方法。
3 必须强化施工工序和现场管理,确保支(防)护到位,严禁支护滞后和安全步距超标。

4 必须落实超前水文地质探测预报各项规定,监控量(探)测数据超标应立即停工撤人,严禁冒险施工作业。

5 必须对有毒有害气体进行监测监控,加强通风管理,严禁浓度超标施工作业。

6 必须严格控制现场作业人数,掘进作业面应实施机械化作业,严禁超员组织施工作业。

7 必须按照规定设置逃生通道,严禁在安全设施不到位的情况下施工作业。

8 必须按照规定严格民用爆炸物品管理,严禁在施工现场违规运输、存放和使用民用爆炸物品。

9 必须按照规定制订应急预案、配备救援装备,严禁事故发生后违章指挥、冒险施救。

8.2 洞口、明洞

8.2.1 洞口开挖和进洞施工宜避开雨期、融雪期。

8.2.2 洞口不稳定的地表土及山坡危石等应清除、防护或加固。

8.2.3 洞口边坡及仰坡应自上而下开挖,不得掏底开挖或上下重叠开挖。宜采用人工配合机械开挖,或者采用控制爆破措施减少对边仰坡及围岩的扰动。

8.2.4 边仰坡防护应及时施作。应随时检查监测边坡和仰坡的变形状态。

8.2.5 明洞工程宜尽早施工。基底承载力不足时,基底处理应符合设计规定。严禁超挖后回填虚土。

8.2.6 明洞人工回填时,拱圈混凝土强度应不小于设计强度的75%。机械回填时,拱圈混凝土强度应不小于设计强度。

8.3 洞身开挖

8.3.1 严格按审批的开挖方案施工,确定合理开挖步骤和循环进尺,保持各开挖工序相互衔接。

8.3.2 开挖作业不得危及初期支护、衬砌和设备的安全,并应保护好量测用的测点。

8.3.3 应严格控制欠挖,拱脚、墙脚以上1m范围内及净空图折角对应位置严禁欠挖。

8.3.4 宜减少超挖,超挖应回填密实。

8.3.5 钻爆作业应按照钻爆设计实施。
爆破作业应在上一循环喷射混凝土终凝3h后进行。
爆破后,应待洞内有害气体浓度符合规定后方可进入开挖面工作。

8.4 初期支护

8.4.1 根据围岩条件、断面大小和施工条件等选择喷射混凝土、锚杆、钢筋网、钢架等单一或组合的支护形式。

8.4.2 喷射混凝土施工宜采用湿喷工艺。喷射作业应分段、分片、分层由下而上按顺序进行。喷射混凝土不得挂模喷射。

8.4.3 喷射混凝土应与围岩紧密黏结,结合牢固,不得有空洞。

8.4.4 锚杆数量、孔位、孔径、孔深及布置形式应满足设计要求。锚杆钻孔直径应大于锚杆杆体直径15mm。

8.4.5 插入中空锚杆后,应安装止浆塞。止浆塞应留有排气孔。应对锚杆中孔吹气或注水疏通。待排气孔出浆后,方可停止注浆。浆体终凝后应安装垫板、拧紧螺母。

8.4.6 钢筋网应随受喷岩面起伏铺设,与初喷混凝土面的最大间隙不宜大于50mm,不宜将钢筋预焊成片后铺挂。

8.4.7 钢架应紧靠初喷面,应垂直于隧道中线在竖直方向安装,竖向不倾斜,平面不错位、扭曲。上、下、左、右允许偏差为±50mm,钢架倾斜度允许偏差为±2°。

8.4.8 应清除钢架拱脚虚渣,使之支承在稳固的地基上。锁脚锚杆应及时施作并应符合设计规定。

注:清除钢架拱脚虚渣是为了防止钢架悬空,锁脚锚杆及时施作是为了防止钢架拱脚沉降。

8.4.9 钢架应贴近初喷射混凝土面安装,当钢架和围岩初喷射混凝土面之间有间隙时,应采用钢楔块或木楔块楔紧,并用喷射混凝土充填密实。

8.5 仰拱

8.5.1 仰拱衬砌施工前应凿除欠挖。应清除隧底虚渣、杂物、淤泥,抽干积水。隧底超挖可采用强度等级不低于C15的混凝土或C20喷射混凝土回填。

8.5.2 仰拱初期支护应随开挖及时施作。仰拱初期支护喷射混凝土不得与仰拱混凝土衬砌一次浇筑。

8.5.3 仰拱混凝土衬砌应先于拱墙混凝土衬砌施工。仰拱衬砌混凝土应整幅一次浇筑成型。仰拱混凝土应使用模板浇筑,模板应预留振捣窗。

8.5.4 仰拱填充支护喷射混凝土不得与仰拱衬砌混凝土一次浇筑。在设有变形缝位置,仰拱衬砌变形缝与填充混凝土变形缝应在同一断面位置。

8.5.5 仰拱填充采用片石混凝土时,片石距挡头模板的距离应大于50mm,片石间距应大于混凝土粗集料的最大粒径,并应分层掺放。

8.6 防水和排水

8.6.1 隧道防排水措施应遵循"防、排、截、堵相结合,因地制宜,综合治理"的原则,应对地表水、地下水妥善处理,形成完整的防排水系统,应使防水可靠、排水畅通。

8.6.2 防水板的搭接宽度不应小于100mm,应采用自动爬焊机双缝焊接,双焊缝每条焊缝宽度不应小于10mm。焊接时,焊缝接头应平整、不应有皱褶和空隙,焊接面应擦拭干净。

注:防水板铺挂时应适当松弛,松弛系数根据超挖情况确定,一般情况下取1.1~1.2。铺挂过紧会产生弦绷现象,甚至扯破防水板;铺挂过松则会产生皱褶现象。弦绷和皱褶现象都会侵占二次衬砌空间,导致二次衬砌厚度不足。

8.6.3 钢筋铺设、绑扎及模板安装不得戳穿、损伤防水板。钢筋焊接作业时,防水板应采用阻燃材料进行隔离遮挡。钢筋不得直接接触防水板,接触位置应采用混凝土垫块隔离。

8.6.4 在衬砌转角位置的止水带应采用连续圆弧过渡,橡胶止水带的转角半径不应小于200mm,钢边止水带不应小于300mm。

8.6.5 不得在止水带上穿钉、打孔,应防止止水带撕裂、刺破。

8.6.6 隧道施工期间排水设施宜与永久排水相结合,不得造成排水设施堵塞。

8.7 二次衬砌

8.7.1 安装钢筋时,钢筋长度、间距、位置、保护层厚度应满足设计要求。

8.7.2 环向受力筋与纵向分布筋每个节点应进行绑扎或焊接。衬砌箍筋必须是整根钢筋,不允许连接。

8.7.3 拱墙模板就位后、混凝土浇筑前,应检查防水板、排水盲管、衬砌钢筋、预埋件等隐蔽工程,做好记录。

8.7.4 浇筑混凝土前,应清理底部杂物、积水;有仰拱地段,仰拱交接面用高压水冲洗干净,并涂刷界面剂。

8.7.5 拱、墙混凝土应一次连续浇筑,不得采用先拱后墙浇筑。不得先浇后边墙。

8.7.6 宜采用附着式和插入式振捣相结合的方式振捣。振捣不应使模板、钢筋和预埋件移位。

8.7.7 混凝土应从两侧边墙向拱顶、由下向上依次分层对称浇筑。

8.7.8 拱部混凝土衬砌浇筑时,应在拱顶预留注浆孔,注浆孔间距应不大于3m,且每模板台车范围内的预留孔应不少于4个。

8.7.9 拆除拱架、墙架和模板,混凝土强度应达到规定要求。衬砌拆模后应立即养护。

8.8 施工环境条件

8.8.1 隧道内照明灯光应保证亮度充足、均匀及不闪烁。作业地段照明电压不宜高于36V。

8.8.2 隧道内气温不宜高于28℃。隧道施工中,人员接触噪声40h等效声级应不大于85dB(A)。

8.8.3 隧道施工独头掘进长度超过150m时应采用机械通风。通风应能提供洞内各项作业所需要的最小风量。

8.8.4 隧道施工应采取综合防尘措施。工作场所空气中的粉尘和有毒物质浓度应符合规定。

8.8.5 富水软弱破碎围岩隧道开挖应采用先治水、加固,后超前支护,再开挖的施工顺序。

8.9 施工安全

8.9.1 隧道洞口应设专人负责进出人员登记及材料、设备与爆破器材进出隧道记录和安全监控等工作。长、特长及高风险隧道施工应设置稳定可靠的视频监控系统、门禁系统和人员识别定位系统。

8.9.2 隧道洞口、开关箱、配电箱、台车、台架、仰拱开挖等危险区域应设置明显的警示标志。洞内施工设备均应设反光标识。

8.9.3 隧道内严禁存放汽油、柴油、煤油、变压器油、雷管、炸药等易燃易爆物品。

8.9.4 施工隧道内不得加工钢筋,不得明火取暖。

8.9.5 运渣车辆应状态完好、制动有效,不得载人,不得超载、超宽、超高运输。

8.9.6 仰拱、二次衬砌与掌子面的距离不得大于规定要求。

注：仰拱与掌子面的距离，Ⅲ级围岩不得超过90m，Ⅳ级围岩不得超过50m，Ⅴ级及以上围岩不得超过40m。软弱围岩及不良地质隧道的二次衬砌应及时施作。二次衬砌距掌子面的距离，Ⅳ级围岩不得大于90m，Ⅴ级及以上围岩不得大于70m。

8.9.7 应随时观察支护各部位。支护变形或损坏时，作业人员应及时撤离现场。

8.9.8 钢架底脚基础应坚实、牢固，拱脚不得脱空、不得有积水浸泡。

8.9.9 隧道施工应配备应急救援机械设备、监测仪器、个体防护设备、生活保障和救援物资等，应定期进行检查、维护和更新。

9 交通工程

9.1 交通标志

9.1.1 所有钢构件均应进行防腐处理。防腐层应均匀、颜色一致,不得有流挂、滴瘤或多余结块。

9.1.2 标志反光膜的逆反射性能应满足设计要求,应在干净、无尘土、温度不低于18℃、相对湿度在20%~50%的车间内进行粘贴,应尽量减少拼接。

9.1.3 标志基础的地基承载力应符合设计规定。浇筑混凝土时,应注意准确设置地脚螺栓和底座法兰盘。

9.1.4 立柱必须在基础混凝土强度达到设计强度的80%以上时才能安装。

9.1.5 标志面应平整完好,无起皱、开裂、缺损或凸凹变形。

9.1.6 里程碑、百米桩、公路界碑应按实际里程准确定位和设置。

9.2 交通标线

9.2.1 新铺沥青混凝土路面的交通标线施工可在路面施工完成一周后开始。

9.2.2 路面应清洁、干燥,不得存在松散颗粒、灰尘、沥青渣、油污或其他有害材料。
注:热熔型标线施工前,为提高路面与涂膜的黏结力,需要在路面上先涂抹底漆(下涂剂)。

9.2.3 划线车的行驶速度、线宽、标线厚度、玻璃珠撒布量等应满足要求。

9.2.4 标线线形应流畅,与公路线形相协调,曲线圆滑,不得出现折线。

9.2.5 反光标线玻璃珠应撒布均匀,附着牢固,反光均匀。逆反射亮度系数检测不小于规定值。

9.2.6 施划后标线无起泡、剥落现象。

9.3 波形梁钢护栏

9.3.1 护栏立柱的埋深、基础规格、土基压实度、端部和过渡段处理、立柱位置、立柱中距、垂直度、横梁中心高度应符合规定要求。

波形梁板和立柱不得现场焊割和钻孔。

9.3.2 立柱高程应符合设计要求,并不得损坏立柱端部。立柱无法打入到要求深度时,严禁将立柱的地面以上部分焊割、钻孔,不得使用锯短的立柱。

立柱安装就位后,其水平方向和竖直方向应形成平顺的线形。

9.3.3 防阻块、托架应通过连接螺栓固定于护栏板和立柱之间,不得有明显变形、扭转、倾斜。

9.3.4 护栏板应通过拼接螺栓相互连接成纵向横梁,并由连接螺栓固定于防阻块、托架或横隔梁上。护栏板拼接方向应与行车方向一致。拼接螺栓必须采用高强度螺栓。

所有的连接螺栓及拼接螺栓应在护栏的线形达到规定要求时才能拧紧。

9.3.5 立柱间距不规则时,可利用调节板、梁进行调节,不得采用现场切割护栏板的方法。

立柱及柱帽安装牢固,其顶部应无明显塌边、变形、开裂等缺陷。

9.3.6 直线段护栏不得有明显的凹凸、起伏现象,曲线段护栏应圆滑顺畅、与线形协调一致。

9.4 混凝土护栏

9.4.1 浇筑混凝土前,应按设计要求绑扎钢筋及预埋件。钢模板涂脱模剂后,方可浇筑混凝土。

9.4.2 两处伸缩缝之间的混凝土护栏必须一次浇筑完成,伸缩缝应与水平面垂直,宽度符合规定,伸缩缝内不得连浆。

9.4.3 混凝土初凝后,严禁振动模板,预埋钢筋不得承受外力。

9.4.4 混凝土护栏的线形应与公路线形相一致,直线段不得出现明显的凸凹,曲线段应圆滑顺畅。

9.4.5 混凝土护栏外观、色泽应均匀一致,不应出现漏石、蜂窝、麻面、裂缝、露筋、剥落、啃边、掉角以及印痕等现象。

9.4.6 混凝土护栏施工时,不得损坏已完工的超高路段纵向排水沟、盲沟、管线等设施。

9.5 施工安全

9.5.1 在通车道路上施工或夜间作业时,应采取限速、导流及渠化等措施,上路作业人员应按规定穿着安全反光标志服或反光背心。

9.5.2 打、压护栏立柱的桩机应安设牢固、平稳。

9.5.3 高边坡、陡崖、沿溪线的现浇混凝土护栏施工,应采取防坠落的措施。

9.5.4 安装门架标志时,作业人员不得站在门架横梁上作业。

9.5.5 运输、存放标线涂料、溶剂时应采取防火措施。热熔作业时,作业人员应穿着防护服,佩戴护目眼镜、手套和口罩。热熔釜和漆料保温桶上方不得出现明火。

9.5.6 隔离栅安装作业人员应佩戴防穿刺手套。

10 施工工艺及现场督查要求

10.1 基本条件

10.1.1 施工临时场地(办公区、生活区、加工区等)选址建设符合要求,便桥、便道设置合理,安全标识标牌清晰;施工临时用电满足规范要求;原材料存放规范。

10.1.2 机具、设备安全标识、防护装置齐全。起重、升降等特种设备按规定检验或验收合格,操作人员持证上岗。

10.2 路基工程

10.2.1 路堑开挖有序;路基填料符合要求,路堤分层填筑、压实作业规范;防排水设施完善、合理。

10.2.2 高边坡爆破、开挖或装运作业规范,风险评估报告所要求的主要措施得到落实;滑坡体、危石段设置风险源告知牌;脚手架搭设正确、防护有效;靠近交通要道作业时设置隔离措施。

10.2.3 小型结构材料符合要求;小桥和通道、涵洞和边沟及挡墙等砌筑、勾缝、沉降缝、墩台、梁板、防水及混凝土施工等符合要求,墙背填土及压实规范,安全防护到位。

10.3 路面工程

10.3.1 施工区域交通管制有序,摊铺机、压路机及运输车辆现场作业组织符合施工安全要求。

10.3.2 沥青混合料生产设备工作正常,材料符合要求,配合比、生产温度控制满足要求。

10.3.3 沥青路面铺筑施工气候条件适宜,设备工作正常,摊铺温度、宽度满足要求。压实温度适宜。层间无污染,黏结牢固、有效。

10.3.4 水泥混凝土生产设备工作正常,材料符合要求,拌制均匀,配合比控制满足要求。

10.3.5 水泥路面铺筑施工气候条件适宜,设备工作正常,混凝土和易性好,运送、摊铺及时,连续摊铺,振捣充分,结合面处理规范。

10.3.6 水泥路面养护及时、到位,养护方法规范。切缝及时,灌缝工艺规范。

10.3.7 半刚性基层材料生产设备工作正常,材料符合要求,配合比控制满足要求。

10.3.8 半刚性基层铺筑机具设备工作正常,生产能力匹配,摊铺规范,施工条件满足要求。压实及时,压实功充足。

10.3.9 半刚性基层养护及时、到位,养护方法规范。

10.4 桥梁工程

10.4.1 个人及工程防护用品使用规范。高空作业临边(空)、跨线桥施工、水上等危险作业区域安全防护、救生措施和警示标志设置符合要求。

10.4.2 支架及脚手架管材有出厂合格证,架体搭设规范,按规定预压、验收。高大架体搭设和拆除按照专项施工方案实施。

10.4.3 构件预制钢筋加工安装规范;原材料及混合料质量符合要求;模板安装稳固、严密;保护层厚度控制方法得当;混凝土养护规范。预应力锚夹具符合规定;张拉及灌浆工艺规范,符合要求。

10.4.4 下部结构施工基础开挖、警示标志设置及施工安全防护符合规定,回填及时。扩大基础、桩基础周边防护、孔内通风符合要求;深度 5m 以上基坑应按专项设计实施支护。基础、墩台、盖梁等混凝土施工规范。桩基成孔记录完整,按规定检测桩身完整性。

10.4.5 桥面系混凝土防撞护栏钢筋绑扎与浇筑作业规范,桥面防水处理有效,混凝土铺装施工及养护规范。

10.4.6 支座、伸缩缝规格满足规范或设计要求。支座垫石混凝土平整密实,支座位置准确,安装规范。伸缩缝安装牢固,稳固混凝土密实、平整。

10.4.7 预制梁梁板吊装与安装规范;预留钢筋规整,横向联系可靠,混凝土密实,外观无过量气泡、水纹和色差,负弯矩区预应力施工规范。

10.4.8 现浇梁原材料及混合料质量符合要求。钢筋设置符合设计要求,安装规范。混凝土配合比满足要求,施工、养护规范,按规定埋设预埋件。

10.4.9 拱桥施工原材料及混合料质量符合要求。钢筋设置符合设计要求,安装规范。混凝土配合比满足要求,施工、养护规范,按规定埋设预埋件。

10.4.10 悬索桥、斜拉桥施工索塔、锚碇混凝土浇筑控制满足要求。悬索桥主缆架设及防护施工规范;斜拉索安装作业规范。

10.5 隧道工程

10.5.1 设立门禁系统和值班制度。危险作业区域安全防护措施齐全,人员防护措施齐备;按规定设置逃生通道、通风设备、防坠设施、消防及通信器材,用电和照明规范。

10.5.2 开挖方案合理;超前支护符合要求;监控量测及时有效;长大隧道和不良地质隧道应采用超前地质预报;超欠挖控制到位。

10.5.3 初期支护材料满足设计和规范要求;支护及时,锁脚锚杆等施工工艺规范,渗漏水处理得当,喷射混凝土外观质量好。

10.5.4 仰拱施工材料满足设计和规范要求;仰拱开挖、拱架安装到位,回填符合设计和规范要求,封闭及时;仰拱开挖与掌子面距离控制规范。

10.5.5 二次衬砌材料满足设计和规范要求,防水板、止水条(带)按设计要求施工,混凝土施工规范。与掌子面的距离符合要求。

10.5.6 洞口排水系统完善;洞内通风、照明、防尘及有毒有害气体监测设备设施齐备,运行正常;瓦斯隧道瓦斯监测与预警有效,采用防爆型机具、器材,现场消防设施齐备。